Thomas Wiek

Abzählreime &
Kniereiterverse

☞ SÜDWEST ☜

Inhalt

Itzi, bitzi...

Kinder lieben Reime. Schließlich können sie Erwachsenen und Gleichaltrigen mit den lustigen Wortspielereien nicht nur zeigen, wie es um ihren Wortschatz bestellt ist. Sie demonstrieren auch ihre Redegewandtheit und ihr gutes Gedächtnis. Und Selbstgereimtes ist Zeichen des individuellen Einfallsreichtums.

Anlässe zu Reimen gibt es immer. Wenn Kinder beispielsweise verstecken spielen wollen, sich aber nicht entscheiden können, wer suchen muss, lösen sie das Problem auf einfache und schnelle Art: Sie zählen mit einem Vers aus. Da gibt es keinen Streit und das Ergebnis wird von allen als gerechtes »Urteil« akzeptiert. Oft scheinen sogar bereits das Auszählen und der gewählte Abzählreim selbst fester Bestandteil des Spiels zu sein.

Es kann aber auch der pure Spaß am Unsinn sein, der Kinder zum Reimen animiert. Auch wenn das Ergebnis Erwachsenen oft unsinnig oder ungezogen vorkommt: Man sollte Kindern ihre kleinen Gedichte nicht verbieten, um ihnen die Freude an der Vielfältigkeit der Sprache nicht zu nehmen. Wem der Inhalt der Verse nicht gefällt, sollte versuchen, durch eigenes Mitreimen dem Wortspiel eine andere Wendung zu geben. Diese Methode klappt eigentlich immer.

Kinder wollen aber nicht nur selbst Reime aufsagen. Auf den Knien der Mutter oder des Vaters über »Stock und Stein« zu galoppieren macht nicht nur den Kleinsten Spaß. Natürlich darf dabei der passende Reim nicht fehlen. Und es wird wohl den meisten Erwachsenen ein ewig rätselhaftes Phänomen bleiben, dass die Kinder den gewählten Kniereitervers auch dann noch lieben, wenn er bereits bis zum Abwinken aufgesagt wurde.

Aber nicht nur zu fröhlichen Anlässen gibt es die passenden Reime. Ein kleines Trostgedicht hat schon so manches Wehwehchen vergessen lassen. Verständnis und Zuwendung sind eben immer tröstlicher als ein gestresstes »Indianer kennt keinen Schmerz«.

Selber reimen macht Spaß

Neben altbekannten und heiß geliebten Klassikern gibt es in diesem Buch viele neue Verse und Gedichte, die speziell für Kinder geschrieben wurden. Sie sollen auch dazu animieren, selbst Abzählreime oder andere Verslein zu erfinden. Schließlich macht Reimen ganz schön viel Spaß. Am einfachsten geht es, indem man den Text eines bekannten Gedichtes abwandelt (zum Beispiel »Oh Tannenbaum, oh Tannenbaum, die Inga hängt im Gartenzaun...«). Ganz ungewöhnliche Verse entstehen, wenn man am Ende einer Zeile nicht das von allen erwartete Reimwort einsetzt, sondern ein völlig anderes Wort. Das klingt dann zum Beispiel so: »Im Badezimmer auf dem Klo, sitzt Oma mit dem dicken – Bauch.«

Viel Spaß und tolle Ideen beim Reimen!

Alte und neue Abzählreime

 Und raus bist du!

Manchmal ist es gar nicht so einfach, denjenigen zu ermitteln, der beim Versteckspielen suchen muss, beim Fangen der Jäger ist oder beim Gummihüpfen als Erster springen darf. Wenn man sich nicht einigen kann, wird am besten einfach ausgezählt. Bestimmt kennt jeder schon eine ganze Menge geeigneter Abzählreime. Aber hier finden sich sicherlich noch andere Verse, die mindestens genauso gut sind.

Eine kleine Minimaus
lief ums Rathaus,
schwidiwupp, schwidiwapp,
und du bist ab.

Eine kleine Piepmaus
lief ums Rathaus,
wollte sich was kaufen,
hatte sich verlaufen,
Widiwupp, widiwapp,
und du bist ab.

Eine kleine Mickymaus
lief ins Kaufhaus,
konnte aber gar nichts kaufen,
musste mit der Katze raufen.
An der Kasse blieb sie stehn,
und du musst gehn.

Eine kleine Diddlmaus
zieht sich ihre Hose aus,
zieht sie wieder an,
und du bist dran.
Dran bist du noch lange nicht,
sag mir erst wie alt du bist.

Die kleine Diddlmaus ist eigentlich nur eine Art Hilfestellung beim Auszählen: Das Kind, bei dem der Vers stehen bleibt, sagt sein Alter. Dann wird so weit abgezählt, wie das Kind alt ist. Derjenige, auf den die letzte Zahl fällt, muss aus dem Kreis gehen.

Ene, mene, ...

Ene, mene, mopel,
wer frisst Popel,
eine Mark und achtzig,
frisch und saftig,
eine Mark und zehn
und du musst gehn.

Ene, mene mopel,
wer fährt Opel?
Wer fährt Golf?
Den frisst der Wolf.

Ene, mene, Mütze,
zehn Pfund Grütze,
ene, mene, muh,
und raus bist du.

Ene, mene, minke,
die Kuh frisst keine Schminke,
ene, mene, muh,
und raus bist du.

Ene, mene, miste,
was rappelt in der Kiste,
ene, mene, Mausedreck,
der letzte räumt die Scherben weg.

Ene, mene, Tintenfass,
geh zur Schul und lerne was!
Wenn du was gelernt hast,
komm nach Haus und sag uns das!
Eins, zwei, drei,
und du bist frei.

Ene, mene, Wasserfass,
wer sich wäscht, der wird auch nass,
wer sich nicht wäscht, ist ein Schwein,
wer trocken bleibt, der muss es sein.

Ene, mene, ditsche, datsche,
ene in die Fresse klatsche,
ene noch dazu
und raus bist du.

Ene, mene, Keyboard,
nimm doch mal dein Knie fort.
Das ist kein Computerspiel,
wer nicht rennt, erhascht nicht viel.
Klick auf deine Maus,
und du bist raus.

Ene, mene, Ditzelchen,
mein Mutter, die kocht Schnitzelchen,
da geh ich dran und leck,
da kommt sie mit dem Steck,
da geh ich zu dem Knecht,
der sagt, es wäre recht,
da geh ich zu der Magd,
die hat mich ausgelacht,
da geh ich zu der Maus,
und du bist raus.

Itzen, ditzen,
Silberschnitzen,
itzen, ditzen, daus,
und du bist raus.

Rille, ralle,
Gürtelschnalle,
Mausefalle,
ri, ra, rutsch.
Renger, denger,
Gürtel enger,
Zipfel länger,
du bist futsch.

Ringel, ringel, Rosen,
schöne Aprikosen,
Veilchen und Vergissmeinnicht,
alle Kinder setzen sich.

Fiesel, fasel, Fasenacht,
wer hat uns das angebracht,
wer hat uns das angetan,
der muss in der Ecke stahn.
Bille, balle, Besen,
du bist es gewesen.

Minke, manke, Mondenschein,
einer muss der Letzte sein.
Wenn du nicht der Letzte bist,
sag mir doch, wie alt du bist.

*Das Auszählen ist jetzt noch nicht beendet. Das
Kind, bei dem die letzte Silbe stehen geblieben ist,
sagt sein Alter. Die entsprechende Zahl wird nun die
Runde herum abgezählt. Wen's trifft, der muss aus
dem Kreis.*

Ritsche ratsche, ritsche ratsche,
macht die neue Fliegenklatsche,
klebrig ist der Fliegenleim,
und du musst heim.

Zepp, zapp, Zipperlein,
wer heult, der muss nach Haus,
wir zählen wie ein Ringelreihn,
der Letzte, der muss raus.

Summe, summe Honigbienen,
wem soll ich die Zähne ziehen,
wem soll ich die Knochen brechen,
wem soll ich den Schatz versprechen,
wem bau ich ein Haus?
Der muss jetzt raus.

Ilse Bilse,
keiner will se,
kam der Koch,
nahm se doch.

Das ist das Haus
vom Nikolaus,
und wer da schaut
zum Fenster raus,
ist in der nächsten
Runde drauß'.

Ging ein Mann aufs Rathaus,
zählte seine Hühner aus,
fehlte ihm 'ne Kapp,
schwidiwupp, schwidiwapp,
und du bist ab.

Nigel, nugel, Nagelstock,
wie viel Hörner hat ein Bock,
wie viel Hörner hat ein Stier,
zwei, drei oder vier,
eins, zwei oder drei,
und du bist frei.

Zipp, zapp,
Knopp ist ab,
liegt im Dreck,
und du bist weg.

Lime, lame,
Leuchtreklame,
kann nix lesen,
bist's gewesen.

1, 2, 3

Eins, zwei, drei,
rische, rasche, rei,
rische, rasche,
Plaudertasche,
bist nicht mehr dabei.

Eins, zwei, drei,
Butter an den Brei,
Salz auf den Speck,
und du musst weg.

Eins, zwei, drei,
an dir ging es vorbei,
rips, raps, raus,
und du bist drauß'.

Eins, zwei, drei,
du bist frei,
vier, fünf sechs,
du bist nex,
sieben, acht, neun,
du musst's sein.

Eins, zwei, drei,
alt ist nicht neu,
neu ist nicht alt,
heiß ist nicht kalt,
kalt ist nicht heiß,
schwarz ist nicht weiß,
hier ist nicht dort,
du musst jetzt fort.

*Für diesen kurzen Abzählreim gibt es auch eine
Langfassung. Denn der Vers lässt sich zu einem
scheinbar unendlichen Reimzopf weiterspinnen.
Welche Fassung die ältere ist? Keine Ahnung. Selbst
Sprachwissenschaftler von der Universität können
das heute nicht mehr genau feststellen.*

Eins, zwei, drei,
alt ist nicht neu,
neu ist nicht alt,
warm ist nicht kalt,
kalt ist nicht warm,
reich ist nicht arm,
arm ist nicht reich,
schön ist nicht gleich,
gleich ist nicht schön,
spinnen ist nicht näh'n,
näh'n ist nicht spinnen,
Schoten sind keine Linsen,
Linsen sind keine Schoten,
Mäuse sind keine Ratten,
Ratten sind keine Mäuse,
Flöh sind keine Läuse,
Läuse sind keine Flöhe,
Hirsche sind keine Rehe,
Reh ist kein Hirsch,
faul ist nicht frisch,
frisch ist nicht faul,
Ochs ist kein Gaul,
Gaul ist kein Ochs,
Has ist kein Fuchs,

Fuchs ist kein Hase,
Zung ist keine Nase,
Nase ist keine Zunge,
Leber ist keine Lunge,
Lung ist keine Leber,
Schneider ist kein Weber,
Weber ist kein Schneider,
Bauer ist kein Schreiber,
Schreiber ist kein Bauer,
süß ist nicht sauer,
sauer ist nicht süß,
Händ sind keine Füß,
Füß sind keine Hände,
das Lied nimmt jetzt ein Ende.

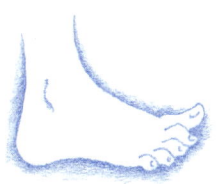

Eins, zwei, drei,
in der Dechanei
steht ein Teller auf dem Tisch,
kommt die Katz und holt den Fisch,
kommt ein Jäger mit der Gabel,
sticht die Katze in den Nabel,
schreit die Katz: Miaun, miaun,
will's gewiss nicht wieder taun.

Eins, zwei, drei,
hicke, hacke, Heu,
hicke, hacke, Haberstroh,
Vater ist ein Schnitzler worden.
Schnitzelt mir ein Bolz,
zieh ich mit ins Holz,
zieh ich mit ins grüne Gras,
Altvater, was ist das?
Kind, es ist ein weißer Has!
Puh, den schieß ich auf die Nas.

Eins, zwei, drei, vier,
auf dem Klavier
steht ein Glas Bier,
steht ein Glas Wein,
du sollst es sein!

Eins, zwei, drei, vier
auf dem Klavier
sitzt eine Maus
und du bist raus.

Eins, zwei, drei, vier,
vorm Goldschmied seiner Tür,
da saßen zwei Täubchen
mit goldenen Häubchen,
die flogen nach Dresden
auf goldenen Besen,
die flogen nach Halle
auf goldener Schnalle,
von da in den Dreck.
Putsch! Waren sie weg.

Rudolf Löwenstein

Eins, zwei, drei, vier, Eckstein,
jeder muss versteckt sein.

Eins, zwei, drei, vier, Finkenstein,
wer nicht will, der muss es sein.

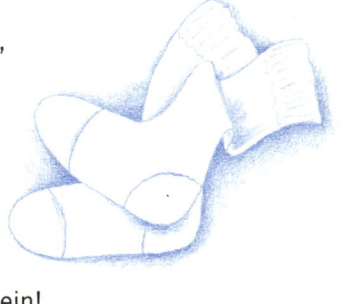

Eins, zwei, drei, vier, fünf,
strick mir ein paar Strümpf,
nicht zu groß und nicht zu klein,
sonst musst du der Haschmann sein!

Eins, zwei, drei, vier, fünf,
mach dich auf die Strümpf,
mach dich in die Schuh,
sonst bist es du.

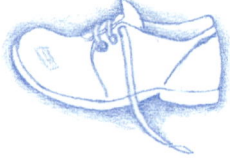

Eins, zwei, drei, vier, fünf,
der Storch hat rote Strümpf,
der Frosch hat kein Zuhaus,
und du bist raus.

Eins, zwei, drei, vier, fünf, sechs, sieben,
eine Bauersfrau kocht Rüben,
eine Bauersfrau kocht Speck,
und du musst weg.

Eins, zwei, drei, vier, fünf, sechs, sieben,
in der Schule wird geschrieben,
in der Schule wird gelacht,
weil der Lehrer Faxen macht.

Eins, zwei, drei, vier, fünf, sechs, sieben,
auf dem hohen Berge drüben
steht ein Schloss mit blanken Zinnen,
wohnt ein alter Riese drinnen.
Fällt der Ries den Berg hinab,
bricht er sich die Beine ab.
Doch geht er auch ohne Bein –
kann ja zaubern! Du sollst's sein!

Eins, zwei, drei, vier, fünf, sechs, sieben,
einer muss die Karre schieben.
Schieb die Karre nach Berlin,
wo die schönen Mädchen blüh'n.
Mädchen tragen Myrtenkränze,
Buben tragen Rattenschwänze.
Mädchen kommen ins Himmelreich,
Buben in den tiefen Teich.
Mädchen, das sind Gottes Engel,
Buben, das sind Gassenbengel.

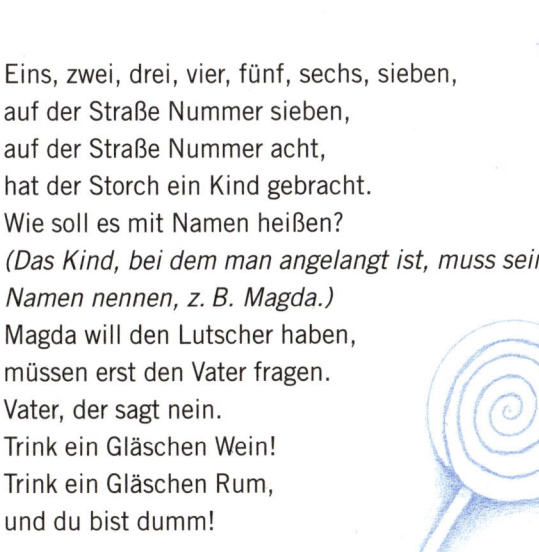

Eins, zwei, drei, vier, fünf, sechs, sieben,
auf der Straße Nummer sieben,
auf der Straße Nummer acht,
hat der Storch ein Kind gebracht.
Wie soll es mit Namen heißen?
*(Das Kind, bei dem man angelangt ist, muss seinen
Namen nennen, z. B. Magda.)*
Magda will den Lutscher haben,
müssen erst den Vater fragen.
Vater, der sagt nein.
Trink ein Gläschen Wein!
Trink ein Gläschen Rum,
und du bist dumm!

Eins, zwei, drei, vier, fünf, sechs, sieben,
ein Tiroler hat geschrieben:
Liebe Mutter, sei so gut,
schick mir 'nen Tirolerhut,
nicht zu groß und nicht zu klein,
denn er soll zur Hochzeit sein.
Eins, zwei, drei,
du bist frei!

Eins, zwei, drei, vier, fünf, sechs, sieben,
Fußball spielen muss man üben,
wem das Üben nicht so liegt,
aus der nächsten Runde fliegt.

Eins, zwei, drei, vier, fünf, sechs, sieben, acht,
Kasper hat so laut gelacht,
dass im Haus der Balken kracht.
Das Haus fällt ein,
und du musst's sein!

Eins, zwei, drei, vier, fünf, sechs, sieben, acht, neun,
geh ich in das Gässel h'nein,
schlag dem Bauer die Fenster ein,
kommt der Büttel, setzt mich ein.
Setzt mich in das Narrenhaus,
geb ich drei, vier Batzen aus,
ri, ra, Ofenloch,
hätt ich meine drei Batzen noch!

Eins, zwei,
Polizei,
drei, vier
Offizier,
fünf, sechs,
alte Hex,
sieben, acht,
gute Nacht,
neun, zehn,
du musst geh'n.

Eins, zwei,
Polizei,
drei, vier,
Offizier,
fünf, sechs,
alte Hex,
sieben, acht,
gute Nacht,
neun, zehn,
wiederseh'n,
elf, zwölf,
böse Wölf,
dreizehn, vierzehn, kleine Maus,
ich bin drin und du bist raus.

Eins und zwei,
es gibt süßen Brei;
drei und vier,
komm und hol ihn dir;
fünf und sechs,
sonst isst ihn die Hex;
sieben und acht,
du wirst ausgelacht;
neun und zehn,
und du musst gehn.

Drei, sechs, neun,
hinten steht die Scheun,
vorn steht das Haus,
und du bist raus!

Dreie, sechse, neune,
Mädel um die Scheune,
Mädel um den Ring,
alte Hexe spring,
Mädel um das Haus,
und du musst raus!

Eins, zwei, drei, vier, fünf,
Löcher in die Strümpf,
drei, fünf, sieben, neune,
Korn muss in die Scheune.
Zwei, vier, sechs, acht, zehn,
und du musst gehn.

Dreie, sechse, neune,
im Garten steht 'ne Scheune,
im Hofe steht ein Hühnerhaus,
da gucken drei hübsche Mädchen raus.
Die eine schabt Kreide,
die andre spinnt Seide,
die dritte schließt den Himmel auf,
da guckt die Mutter Maria raus.

Ich und du,
Müllers Kuh,
Bäckers Esel,
der bist du.

Müllers dicke, faule Grete
saß auf einem Baum und n
Plumps, fiel sie herab,
und du bist ab.

Zehn Polizisten
hüpfen in die Kisten,
hüpfen wieder raus
und du bist aus.

Auf dem Baum ist ein Ast,
auf dem Ast ist ein Nest,
in dem Nest ist ein Ei,
in dem Ei ist ein Dotter,
in dem Dotter ist 'ne Maus,
und du bist raus.

Wollt ein Schmied ein Pferd beschlagen,
wie viel Nägel muss er haben?
Drei, sechs, neun,
hol den Wein!
Knecht, schenk ein!
Herr, trink aus!
Und du bist drauß'.

Sieben junge Königstiger
trafen sieben Stammeskrieger.
Krieger sind erschrocken,
Tiger blieben hocken.
Und weil meinem fiel was ein,
musst du leider draußen sein.

Adam isch in'n Garten ganga.
Wie viel Vögele hat er g'fanga?
Eins, zwei, drei,
du bist frei.

Beine hat ein jedes Tier,
große Tiere haben vier.
Käfer sechse, Spinnen acht,
wer's nicht weiß, wird ausgelacht.
Bei den Fischen, meerumflossen,
sind die Beine meistens Flossen.
Alle Tiere haben Beine,
aber raus bist du alleine.

Morgens früh um sechs
kommt die alte Hex.
Morgens früh um sieben
schabt sie rote Rüben.
Morgens früh um acht
geht sie auf die Wacht.
Morgens früh um neune
geht sie in die Scheune.
Morgens früh um zehne
holt sie alte Späne.
Morgens früh um elfe
geht sie ins Gewölbe,
kommt sie wieder raus,
und du bist drauß'.

Auf dem Berge Hottentotten
lebten Menschen Hottentotten,
diese Menschen Hottentotten
hatten Kinder Hottentotten,
diese Kinder Hottentotten
hatten Puppen Hottentotten,
diese Puppen Hottentotten
kochten einen Brei,
eins, zwei, drei,
und du bist frei!

Der Kreis ist rund,
da läuft ein Hund.
Da läuft eine Kuh,
und dran bist du.

Ich und du,
schnür die Schuh,
du und ich,
geh aus'm Licht,
flieg in'n Dreck,
und du bist weg.

Sieben Ziegenböckchen
springen übers Stöckchen,
über Brück' und Stege
geh'n sie ihrer Wege,
springen rund ums Haus
und du bist raus.

Amtmanns Bär
schickt mich her:
Ich soll holen
zwei Pistolen.
Eine für dich,
eine für mich.
Du bist ab,
und ich noch nicht.

Ahne, krahne, wickele, wahne,
wollen wir nit nach England fahre?
England ist verschlossen,
Schlösser sind verrostet.
Schlüssel ist verloren,
müssen wir ein Loch h'nein bohren.
Sind wir h'nein gekrochen,
haben die Töpf verbrochen.
Wenn der Kessel tief ist,
wenn die Milch süß ist,
wenn die Puppen tanzen,
wollen wir Lanzen pflanzen.

Bei diesem Abzählreim muss niemand »ab« oder »raus«. Woher man weiß, wer die anderen fangen, haschen oder suchen muss? Ganz einfach: Wen die letzte Silbe trifft, der ist es.

ABC

A B C –
Kopf in die Höh.
D E F –
wart, ich treff.
G H I –
das macht Müh.
J K L –
nicht so schnell.
M N O –
lauf nicht so.
P Q R –
das ist schwer.
S T U –
hör mir zu.
V W X –
mach 'nen Knicks.
Y Z –
geh zu Bett.

Das A und das B
besuchen das C.
D, E, F und G,
die fahren zur See.
Das H und das I
legen J übers Knie.
K, L, M, N, O, P,
die schreien: »Au weh!«
Q, R, S und T
wackeln dabei mit dem Zeh.
Dass U und das V,
die suchen 'ne Frau.
Das W und das X,
die wissen von nix,
doch das Y klein
zwickt das Z ins Bein.

A, B, C und D, E, F,
wenn ich nur den Rechten treff.
G, H, I und J, K, L,
manchmal geht es nicht so schnell.
M, N, O und P, Q, R,
sag, was soll denn das Gezerr?
S, T, U und V, W, X
das war leider wieder nix.
Y und Z und aus
und du bist raus.

A, B, C, D, E, F, G
eine Katze saß im Schnee,
eine Katze wollte schreiben,
wie viel Buchstaben noch bleiben.
(Der Abzähler spricht die Buchstaben bis Z durch;
wen Z trifft, muss aus der Runde.)
H, I, J, K, L, M, N,
fehlen doch noch Buchstaben!
(Der Abzähler spricht wieder die
restlichen Buchstaben.)
O, P, Q, R, S, T, U,
krieg das Alphabet nicht zu.
(Abzähler …)
V, W, X, Y, Z.
Wen es trifft, der kriegt sein Fett.

Lustige Knie-
reiterverse

 Über Stock und Stein!

Wer galoppiert denn da so wild
daher? Es macht einfach viel
Spaß, auf den Knien der Eltern
durch die Luft zu wirbeln.
Wenn man lustige Kniereiter-
verse kennt, kann man dabei
die Bewegung des Pferdes,
das Rattern der Eisenbahn
oder das Ticken der Uhr nach-
ahmen. Und wenn das Kind
irgendwann keine Lust mehr
hat, sich durchschütteln zu
lassen, dann schunkelt man es
ganz gemütlich auf den Knien
oder dreht es im Ringelreihen.

Wilde Reiter

Hoppe, hoppe Reiter,
wenn er fällt, dann schreit er,
fällt er in den Graben,
fressen ihn die Raben,
fällt er in den Sumpf,
macht der Reiter plumps.
Reiter fällt noch lange nicht,
sag mit erst, wie alt du bist.

*Diesen Kniereitervers kennt bestimmt jedes Kind.
Aber wer weiß schon, dass es davon auch eine ganz
alte Langfassung gibt, die sich bislang recht wenig
eingebürgert hat.*

Hoppe, hoppe Reiter,
wenn er fällt, dann schreit er!
Fällt er in den Teich,
find't ihn keiner gleich,
fällt er in die Hecken,
fressen ihn die Schnecken,
fressen ihn die kleinen Mücken,
die ihn vorn und hinten zwicken,
fällt er in den Schnee,
tut's ihm mächtig weh,
fällt er in den Graben,
fressen ihn die Raben,
fällt er in den Sumpf,
macht der Reiter plumps.

Am Baum, da hängt ein Ast,
der trägt schwere Last.
Im Sommer wie im Winter
reiten drauf die Kinder,
sie rütteln und sie rappeln,
sie zittern und sie zappeln.
Sind sie dem Ast zu munter,
wirft er die Kinder runter.

Hopp, hopp, ho!
Das Pferdchen frisst kein Stroh,
musst dem Pferdchen Hafer kaufen,
dass es kann im Trabe laufen.
Hopp, hopp, ho!
Das Pferdchen frisst kein Stroh.

Hopp, hopp, hopp zu Pferde,
wir reiten um die Erde.
Die Sonne reitet hinterdrein,
wie wird sie abends müde sein.
Hopp, hopp, hopp!

Schicke, schacke, Reiterpferd,
Pferd ist keinen Dreier wert.
Alle kleinen Kindchen
reiten auf dem Füllchen.
Wenn sie größer werden,
reiten sie auf Pferden.
Geht das Pferdchen trib, trib, trab,
fällt der kleine Reiter ab.

Das Steckenpferd

Hopp, hopp, hopp,
Pferdchen, lauf Galopp.
Über Stock und über Steine,
aber brich dir nicht die Beine.
Hopp, hopp, hopp, hopp, hopp,
Pferdchen, lauf Galopp!

Tip, tip, tap!
Wirf mich nur nicht ab!
Zähme deine wilden Triebe,
Pferdchen, tu es mir zuliebe:
Tip, tip, tip, tip, tap!
Wirf mich nur nicht ab!

Brr, brr, he!
Steh doch, Pferdchen, steh!
Sollst schon heute weiterspringen,
muss dir nur erst Futter bringen.
Brr, brr, brr, brr, he!
Steh doch, Pferdchen, steh!

Ha, ha, ha!
Hei, nun sind wir da!
Diener, Diener, liebe Mutter,
findet auch mein Pferdchen Futter?
Ha, ha, ha, ha, ha!
Hei, nun sind wir da!

Carl Hahn

Reiter zu Pferd,
von Soest nach Wörth,
was hat er gebracht?
Ein Säckchen voll Mäuse,
einen Pelz voller Läuse,
ein Haus voller Kinder,
einen Stall voller Rinder,
einen Ziegenbock,
einen hölzernen Stock,
hopp, hopp, hopp, hopp, hopp!

Ein Reitersmann muss haben:
Ein Pferdchen um zu traben,
den Bügel aufzusteigen,
den Zügel auszuweichen,
den Sattel fest zu sitzen,
die Gerte um zu kitzeln,
den Sporen um zu wecken,
den Helm, das Haupt zu decken,
die Lanze um zu spießen,
Pistolen um zu schießen,
den Säbel an den Seiten –
da kann er lustig reiten.

Wie reiten die Herren?
Trab, trab, trab!
Wie reiten die Bauern?
Stup, stup, stup!
Wie reitet der junge Edelmann
mit seinem Pferdchen hintendran?
Galepper, galepper, galepper!
Wie reitet das kleine Jüngferlein
auf seinem schönen Schimmelein?
Hittepitte, hittepitte –
bums! In den Graben rein!

Bienchen, summ herum

Summ, summ, summ,
Bienchen, summ herum!
Ei, wir tun dir nichts zuleide,
flieg nur aus in Wald und Heide!
Summ, summ, summ,
Bienchen summ herum!

Summ, summ, summ,
Bienchen, summ herum!
Such in Blumen, such in Blümchen
dir ein Tröpfchen, dir ein Krümchen!
Summ, summ, summ,
Bienchen, summ herum!

Summ, summ, summ,
Bienchen, summ herum!
Kehre heim mit reicher Habe,
Bau uns manche volle Wabe!
Summ, summ, summ,
Bienchen, summ herum!

Summ, summ, summ,
Bienchen, summ herum!
Bei den Heilig-Christ-Geschenken
wollen wir auch dein gedenken.
Summ, summ, summ,
Bienchen, summ herum!

Summ, summ, summ,
Bienchen, summ herum!
Wenn wir mit dem Wachsstock suchen
Pfeffernüss und Honigkuchen.
Summ, summ, summ,
Bienchen, summ herum!

August Heinrich Hoffmann von Fallersleben

Ringelreihen

Ringel-Ringel-Reihen!
Die Vögel singen im Maien,
sie fliegen früh am Morgen fort;
viel ist zu tun im Walde dort.
Sie kehren heim beim Abendrot,
dann knabbern sie ihr Vesperbrot,
und ducken sich ins Nest zur Ruh
und rufen noch einander zu:
»Duck mit dem Kopf!
Dass uns der Marder nicht kriegt beim Schopf!«

    Ringel-Ringel-Reihchen!
    Die Fische in den Teichen,
    die Fische in dem Erlenbach,
    sie schwimmen eins dem andern nach;
    und scheint die Sonne droben,
    so kommen alle nach oben;
    doch wenn den Klapperstorch sie sehn
    mit seinem roten Schnabel stehn:
    »Duck mit dem Kopf!
    Dass uns der Storch nicht kriegt beim Schopf!«

Ringel-Ringel-Reihe!
Der Hase läuft ins Freie,
der Hase läuft durchs Stoppelfeld,
am besten ihm der Kohl gefällt;
da setzt er auf zwei Beinchen sich
und frisst sich satt ganz ordentlich.
Doch kommt von fern der Jägersmann,
wie spitzt der Has die Ohren dann:
»Duck mit dem Kopf!
Dass uns der Jäger nicht kriegt beim Schopf!«

Robert Reinick

Tross, tross, trill,
der Bauer hat ein Füll'.
Das Füllen will nicht laufen,
der Bauer will's verkaufen.
Verkaufen will's der Bauer,
das Leben wird ihm sauer.
Sauer wir ihm das Leben,
der Weinstock, der trägt Reben.
Reben trägt der Weinstock,
Hörner trägt der Ziegenbock.
Der Ziegenbock trägt Hörner,
im Wald, da wachsen Dörner.
Dörner wachsen im Wald,
der Winter, der ist kalt.
Kalt ist der Winter,
vor der Stadt wohnt der Schinder.
Wenn der Schinder 'gessen hat,
so ist er satt.

Beschlag, beschlag's Rössle,
zu Ulm steht ein Schlössle,
steht ein Schmiedle nah dabei,
Schmiedle, beschlag mir's Rössle glei',
hab ich's Nägle zu tief reing'schlage,
muss ich's wieder raußer grabe.

Rille, ralle, Rumpelstoß,
im Pferdehintern steckt 'ne Ros.
Und baumelt nicht vom Pferdekopf
ein fein geflochtner blonder Zopf?
Rille, ralle, Reuten,
was soll das nur bedeuten?

Ri-ra-rutsch,
wir fahren mit der Kutsch.
Wir fahren über Stock und Stein,
da bricht das Schimmelchen ein Bein.
Ri-ra-rutsch,
es ist nichts mit der Kutsch.

Sieben kleine Hasen,
saßen auf dem Rasen,
saßen, bis sie ganz vergaßen,
warum sie auf dem Rasen saßen.

Bauer, bind den Pudel an,
dass er mich nicht beißen kann.
Beißt er mich, verklag ich dich,
tausend Taler kostet's dich.
Tausend Taler sind kein Geld,
wenn nur mir mein Pudel g'fällt.

Eine kleine Dickmadam
fuhr mal mit der Eisenbahn,
Eisenbahn, die krachte.
Dickmadam, die lachte.
Lachte bis der Schaffner kam,
und sie mit zum Schutzmann nahm!

Husaren kommen reiten,
den Säbel an der Seiten.
Hau dem Schelm ein Ohr ab,
hau's ihm nicht zu dicht ab.
Lass ihm noch ein Stücklein dran,
dass man den Schelm erkennen kann.

Große Uhren machen
tick, tack, tick, tack.
Kleine Uhren machen
ticktack, ticktack, ticktack, ticktack.
Und die kleinen Taschenuhren machen
ticketacke, ticketacke, ticketacke, ticketacke.

*Während man den Vers aufsagt, bewegt man die Knie
je nachdem, wie langsam oder schnell die Uhr tickt.
Man kann das Kind zum Beispiel erst leicht schau-
keln, dann auf den Knien hüpfen lassen und schließlich kurz durchrütteln (und anschließend knuddeln).*

Wollt ein Knabe jung an Jahren,
selber mit dem Auto fahren,
Knabe lenkt es kaum,
Auto fährt an'n Baum.
Sprach der Knabe: »Huch,
war nur ein Versuch.«
Kam die strenge Polizei,
und schon war die Fahrt vorbei.

Schaukellied

Schaukle auf und schaukle nieder!
Vor dem Bösen flieh zurück,
zu dem Guten kehre wieder,
denn das Gute sei dein Glück.

Findet sich auch Leid mitunter –
frisch, Bewegung gibt dir Kraft;
schaukle fröhlich, schaukle munter,
werde stark und ritterhaft!

Nicht im Staube sollst du wallen,
wie ein unstet schwankend Rohr!
In des Himmels blaue Hallen
schaukle fröhlich dich empor.

August Heinrich
Hoffmann von Fallersleben

A B C,
beißen mich die Flöh,
beißen mich die Wanzen,
kann ich nicht mehr tanzen,
beißen mich die Stiegelitzen,
kann ich nimmer stille sitzen.

*Stiegelitz - eigentlich Stieglitz - ist ein anderer Name
für den Distelfink. Früher, als die Menschen noch
keine Wellensittiche und Kanarienvögel kannten, war
er ein beliebtes Haustier, das man in kleinen Käfigen
gefangen hielt.*

Wer will auf die Wartburg reiten,
muss sich gründlich vorbereiten,
will man diesen unbequemen
Pfad mit einem Esel nehmen.
Muss ihm lieb die Mähne streichen
und ihm ein Stück Zucker reichen.
Muss im Sattel stille sitzen
und nicht mit der Peitsche kitzeln.
Muss im Fell sich nicht festkrallen;
folgen dann den andren allen.
Dann ist auch der Esel nett –
wie einst zur Elisabeth.

Hucke, hacke, Wanze,
ich schlag mich in die Schanze,
hucke, hacke Hundefloh,
ich beiße dich ja sowieso,
huck, hacke, Hecke,
ich bin die kleine Zecke,
hier sitze ich
und wart auf dich
in meinem Laubverstecke.
Wicke, wocke Wanderstab,
lasst, ihr Insekten, von mir ab.

Wer will reiten in die Weiten,
der darf nicht auf Schafen reiten.
Auch dem Schweinchen tut's nicht gut,
und zum Rösslein braucht es Mut.
Ungeeignet ist der Hund,
denn es ist sehr ungesund,
wird man von dem Hund gebissen
oder auch nur abgeschmissen.
Willst du reiten auf den Ziegen,
wirst du schnell am Boden liegen.
Auch die liebste Kuh von allen
lässt sich's Reiten nicht gefallen
Reite nur auf Papas Beinen,
das ist sich'rer, will ich meinen.

Kleine Trostgedichte

 Nicht mehr weinen!

Trost kann man immer wieder
einmal gebrauchen. Und für
das verletzte Knie oder den
grummelnden Bauch ist ein
kleines Trostgedicht nicht weni-
ger wichtig als das Trostpflaster.
Jedes Kind weiß, wie schön es
ist, wenn die Eltern mit Strei-
cheleinheiten, lieben Worten
und kleinen Fingerspielen
einem den Kummer vom Halse
schaffen. Aber wer hat schon
einmal versucht, lästigen
Schluckauf mit einem kleinen
Vers zu vertreiben?

Heile, heile

Heile, heile, Gänschen,
es wird schon wieder gut!
Gänschen hat ein Schwänzchen,
es wird schon wieder gut!
Heile, heile, Mäusespeck,
in hundert Jahrn ist's wieder weg.

Heile, heile Kätzchen,
's Kätzchen hat vier Tätzchen,
's Kätzchen hat 'nen langen Schwanz –
bald ist wieder alles ganz.

Heile, heile Segen,
drei Tage Regen,
drei Tage Sonnenschein,
wird schon wieder besser sein.

Heile, heile, Segen,
drei Tage Regen,
drei Tage Schnee,
tut schon nimmer weh.

Heile, heile Fingerhut
floss ein kleines Tröpfchen Blut,
wird bald alles wieder gut.

Bauchweh ade

Schweres wird leicht,
Tiefes wird seicht.
Lautes wird leis,
Schwarzes wird weiß.
Grelles wird blasser,
Eis wird zu Wasser.
Wasser wird Wein,
Großes wird klein.
Böses wird gut,
habe nur Mut:
Grummelt's im Bauch,
heilt es jetzt auch.

Lass dich nur nicht traurig machen,
tut dir heut auch weh der Bauch.
Morgen wirst du drüber lachen.
Denn das wissen wir ja auch:
Werd ich dich am Bauche kitzeln,
geht der Schmerz, eh du's gedacht.
Morgen können wir schon witzeln,
und der Schmerz wird weggelacht.

*Besonders wirksam sind diese Trostgedichte, wenn
man dem kleinen Patienten dabei sanft über den
Bauch streichelt.*

Hat der kleine Bauch ein Weh?
Ach jemineh.
Drückt den kleinen Bauch der Brei?
Oweih, oweih.
Will das Bäuerchen nicht raus?
Ei der Daus.
Ist es endlich nun vorbei?
Eiapopei.

Hat mein Kindchen Fieber,
hab ich's noch viel lieber.
Kühle dir das Köpfchen,
streichle dir das Schöpfchen,
Sing dir leise Lieder,
geht das Fieber wieder;
hat es sich versteckt,
wird es doch entdeckt.
Packen wir's am Schopf,
tun es in den Topf,
machen fest ihn zu –
gesund wirst du im Nu.

Kneift dich noch der Bauch?
Kneif ihn eben auch.
Drückt er dich so hart?
Streichle ihn ganz zart.
Möchte er dich zecken?
Kannst du ihn doch necken.
Knurrt er wie ein Hund?
Bist du bald gesund.

Schluckauf verbannen

Häcker, Gegäcker,
spring übern Neckar,
spring übern Rhein,
fall mittendrein.

Schluckauf und ich
gehen übern Steg.
Schluckauf, fall rein!
Und ich lauf weg.

Denkt euch nur, der Frosch ist krank!
Liegt nur auf der Gartenbank,
quakt nicht mehr, wer weiß wie lang,
ach, wie fehlt uns sein Gesang!
Denkt euch nur, der Frosch ist krank!

Kleine Wehwehchen

Was fehlt dem kleinen Rehlein?
Schmerzen in den Zehlein?
Schmerzen in den Fingerchen,
in den kleinen Dingerchen?
Woll'n wir uns beeilen,
alles schnell zu heilen.

Ise, bise, bitzchen,
war nur ein kleines Ritzchen,
macht das Krankenschwesterchen
drauf ein kleines Pflästerchen,
stillt das Tröpfchen Blut,
wird alles wieder gut.

Heile, heile, Finger.
War ein Schmerz, verging er,
waren es auch Wunden,
sind sie längst verbunden.
Heilemännchen heilt,
wenn es bei dir weilt.

Schwindel, du plagst mich.
Schwindel, ich jag dich.
Schwindel, verschwinde,
wie der Rauch im Winde.

Eiapopeia, was raschelt im Stroh?
Die Gänslein gehen barfuß und haben kein Schuh.
Der Schuster hat Leder, kein Leisten dazu,
drum kann er den Gänslein auch machen kein Schuh

Eiapopeia, das ist eine Not!
Wer schenkt mir einen Heller zu Zucker und Brot?
Verkauf ich mein Bettlein und leg mich aufs Stroh,
so sticht mich keine Feder und beißt mich kein Floh.

Jetzt treiben wir die Krankheit aus,
aus unserem Haus zur Tür hinaus.
Sie machte uns bang und bänger,
drum dulden wir sie nicht länger.
Wir geben dir jetzt Medizin,
die Krankheit soll von dannen ziehn.
Und lässt sie dich dann erst in Ruh,
dann sperr'n wir sie aus und die Türe zu.

Tut der Zahn weh,
kommt die kleine Zahnfee,
die dir etwas Kleines schenkt,
weil sie an den Zahn denkt.
Leg den Zahn nun unters Kissen,
wird die Fee ihn sonst vermissen.
Zahn verschwindet über Nacht:
Zahnfee hat Geschenk gebracht.

*Wenn die ersten Milchzähne ausfallen, muss man
den Zahn unters Kopfkissen legen. Mit etwas Glück
holt ihn sich nachts die Zahnfee und legt dafür ein
kleines Geschenk hin.*

Du bist so krank,
wie eine alte Bank.
Bist so krank als wie ein Huhn,
magst gerne essen und nichts tun.

Theodor Fontane

Drei Tage war das Häschen krank,
jetzt hüpft es wieder, Gott sei Dank!

Ein kleines Wehwehchen,
ein Ritz am Zehchen,
Ritz an den Beinen –
musst doch nicht weinen.

Darum musst du doch nicht heulen,
alle Kinder kriegen Beulen.
Auch das kleine Tröpfchen Blut
macht nichts. Bald ist's wieder gut.

Sitzt ein Splitter dir im Finger,
muss er wieder raus.
Selbst so kleine schwarze Dinger
machen uns was aus.
Bleibt er drin, dann wird er Eiter
und tut noch mehr weh.
Doch wir lassen ihn nicht weiter
drin, wie ich es seh.

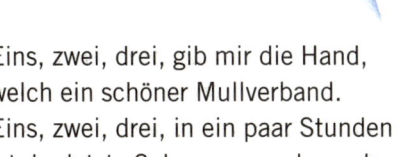

Fingerpüppchen wollen spielen,
wollen ihren Spaß.
Ritzelchen ist nicht zu fühlen.
Sag mir: War da was?

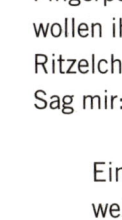

Eins, zwei, drei, gib mir die Hand,
welch ein schöner Mullverband.
Eins, zwei, drei, in ein paar Stunden
ist der letzte Schmerz verschwunden.

Häufig haben kleine Kinder Fieber, ohne dass gleich eine ernsthafte Krankheit ausbricht. Das Fieber treibt kleine Infekte aus. Wenn es zu hoch steigt, helfen bewährte Hausmittel, wie zum Beispiel der Waden-wickel, das Fieber zu senken. Kleine Verse lindern das Unwohlsein und mindern den Schreck des Kin-des beim Anlegen der kalten Wadenwickel.

Hat das Fieber dich geschunden,
werden Waden kalt umwunden.
Fieber geht, wenn Waden kalt;
dieses Mittel ist schon alt.
Und, sieh da, nach ein, zwei Stunden,
ist das Fieber schon verschwunden.

Tut dem Kind das Köpfchen weh,
schwimmt es wohl im Fiebersee.
Ist das Kind ein guter Schwimmer,
wird das Fieber auch nicht schlimmer.

Beinah hätten wir's vergessen:
Müssen doch noch Fieber messen.
Ob es fällt oder steht
oder kommt oder geht
oder gleich bleibt oder schwankt
oder zittert oder wankt,
werden wir in Kürze wissen;
bleib nur ruhig in deinem Kissen.
Und ein paar Minuten später
schauen wir aufs Thermometer.

Husten, Schnupfen, Heiserkeit
hat man oft zur Winterszeit.
Doch der gute Hustensaft
nimmt dem Husten alle Kraft.
Schmeckt er auch nicht so wie Honig,
schluckst du tapfer, dann belohn ich
dich mit einer Märchenstund.
Davon wirst du bald gesund.

Pille, pille Hustensaft,
schmeckt das wieder ekelhaft.
Hustensaft ist okay,
Husten tut im Hals sonst weh.
Pille, pille Hustensaft,
schluck nur schnell, das gibt dir Kraft.

Husten, Schnupfen sind nicht schön,
will mal nach dem Kranken sehn.
Niesen, Räuspern, Schnäuzerei,
gehen ja sicher mal vorbei.
Tu nur nicht zu viel des Guten,
sonst kriegst du noch Nasenbluten.
Bleib im Bett und halt es aus.
Dann kannst du bald wieder raus.

Kannst du wieder mal nicht schlafen,
geh ins Bett zu deinen Schafen.
Zähle sie von eins bis dreißig,
zähle deine Schafe fleißig.
Bald wirst du bei dreißig sein
und dann schläfst du auch gleich ein.

Unsinnige Scherzverse

 Wer ist der beste Worteclown?

Wer liebt es manchmal nicht
auch, einfach nur Unsinn zu
reden? Darum sollte man sich
ein Beispiel an den Engländern
nehmen. Denn auf den Briti-
schen Inseln gibt es ganz spezi-
elle Gedichte, die so genannten
»nursery rhymes«. Ihre Worte
ergeben zwar keinen Sinn,
dafür ist das Ergebnis umso
lustiger. Ein Versuch kostet
nichts: Bestimmt finden sich
bald Gleichgesinnte, denen
das Quatschreimen genauso
viel Spaß macht.

Klapphornverse

*Klapphornverse sind richtig schöne Unsinnspoesie.
Gewöhnlich beginnen die Vierzeiler mit dem Vers
»Zwei Knaben gingen durch das Korn«. Aber auch
ein anderer Einstieg ist möglich. Das älteste Klapp-
horngedicht wurde 1878, also bereits vor über
120 Jahren veröffentlicht. Darum steht es hier gleich
an erster Stelle.*

Zwei Knaben gingen durch das Korn,
der andere blies das Klappenhorn,
er konnt es zwar nicht ordentlich blasen,
doch blies er's wenigstens einigermaßen.

Zwei Knaben gingen durch das Korn,
sie waren beide Feger des Schorn.
Der eine konnte gar nicht fegen.
Der andre fog brillant dagegen.

Zwei Knaben gingen durch das Korn,
der eine hint', der andere vorn,
doch keiner in der Mitte;
man sieht draus, es fehlt der Dritte.

Zwei Knaben gingen durch das Korn,
dem einen war die Nas erfrorn.
Wie kam denn das im Sommer?
Das war ja grad der Kommer.

Zwei Knaben gingen durch das Korn,
der zweite hatte den Hut verlorn.
Der erste würd ihn finden,
ging er, statt vorne, hinten.

Zwei Knaben gingen durch das Korn,
der andre hatte so ein Horn,
der eine hatte eine Beule;
es scheint, sie kriegten beide Keile.

Zwei Knaben bestiegen einen Gletscher,
der eine war matsch, der andre noch mätscher.
Da sagte der mätschere zu dem matschen:
»Komm, lass uns wieder runterhatschen.«

Zwei Knaben gingen an dem Strand,
der andre eine Muschel fand.
Der eine, der fand keine –
so hatten sie beide nur eine.

Zwei Knaben gingen durch die Nacht,
der eine leis, der andre sacht.
Man konnt sie weder sehen noch hören –
wenn sie's nun gar nicht gewesen wären?

Zwei Knaben war'n im Lehrerzimmer,
der eine war schlimm, der andere schlimmer,
da sagte der schlimmere zu dem schlimmen:
»Schau mal, ob unsere Noten stimmen.«

Zwei Knaben rieten kreuz und quer:
Wo kommen die Klapphornverse her?
Das sprach der andere: »Horch!
Die bringt der Klapphornstorch!«

Leberreime

*Leberreime sind scherzhafte Kurzgedichte, die
ursprünglich bei Tisch – und zwar beim Vorlegen
der Leber – improvisiert wurden. Das Gedicht beginnt
immer mit den Versen »Die Leber ist von einem
Hecht und nicht von einem…« Im Folgenden muss
immer ein Tier eingesetzt werden, zu dem sich eine
witzige Pointe reimen lässt. Der erste Leberreim
wurde 1601 aufgeschrieben. Allerdings ist es gut
möglich, dass man sich schon früher damit die
Zeit vertrieb. Leberreime sind übrigens eine besonders lustige Abwechslung zu »Ich sehe was, was du
nicht siehst…«*

Die Leber ist von einem Hecht
und nicht von einer Schleie.
Der Fisch will trinken, gib ihm was,
dass er vor Durst nicht schreie.

Die Leber ist von einem Hecht
und nicht von einem Dachse;
wer Dresden seine Heimat nennt,
ist sicherlich »ä Sachse«.

Die Leber ist von einem Hecht
und nicht von einem Finken.
Mein Nachbar wischt das Maul sich ab,
und ich möcht nur noch trinken.

Die Leber ist von einem Hecht
und nicht von einer Barbe;
schwarzweiße Fotos mag ich nicht,
viel lieber die in Farbe.

Die Leber ist von einem Hecht
und nicht von einer Pute.
Wenn ich dich küssen will, mein Schatz,
dann ziehst du eine Schnute.

Die Leber ist von einem Hecht
und nicht von einem Schweinchen.
Ich esse Leber gar nicht gern,
viel lieber Eisebeinchen.

Die Leber ist von einem Hecht
und nicht von einem Rinde.
Dass diese Verse Unsinn sind –
wie sag ich's meinem Kinde?

Die Leber ist von einem Hecht
und nicht von einem Schafe.
Nicht Hechte, Schäfchen zählt man ab,
damit man besser schlafe.

Limericks – Städte von A bis Z

Limericks sind ein britischer Export. Kein Mensch weiß genau, warum sie so heißen; wahrscheinlich geht die Bezeichnung auf ein Lied über das irische Städtchen Limerick zurück. Limericks sind Fünfzeiler und beziehen sich fast immer auf einen Ort oder eine Landschaft.

In Aachen, da wurden die Kaiser
gekrönt einst; mal lauter, mal leiser.
  Und trug so ein Tropf
  auch die Kron auf dem Kopf,
so wurde er davon nicht weiser.

Berliner sind neugierig nette
Gesellen. Ich halt jede Wette,
  wer ihnen tut nennen,
  was sie noch nicht kennen,
dann fragen sie: »Wat is'n dette?«

In Chemnitz tat einst man verdienen
sein Geld mit dem Bau von Maschinen.
  Die Fabriken war'n alt;
  der Schornstein bleibt kalt
jetzt, sauberer sind die Gardinen.

In Dresden, da kennt man den Zwinger
und andere kunstvolle Dinger.
  Doch spricht man ein wenig
  vom sächsischen König,
dann glaubt man gleich, vor einem ging er.

Es rauchten einst Schlote in Essen;
die Zeiten sind heut fast vergessen.
  Doch Kohle und Stahl,
  erschienen nun mal
der Wirtschaft nicht mehr angemessen.

In Frankfurt gibt's Goethe und Messe
und, klar doch, bevor ich's vergesse:
  Zwischen Börse und Bank
  die Zeil – komm! – entlang
da bummelt der typische Hesse.

Es wollten im Städtchen Gelnhausen
die Aliens die Kaiserpfalz mausen.
  Doch sie irrten sich sehr;
  die Pfalz war zu schwer,
so ließen Gelnhausen sie sausen.

Hallenser, Halloren, Halunken
sind gleichermaßen betrunken
  vom Wein von der Saale,
  beim festlichen Mahle,
wonach untern Tisch sie gesunken.

In Idstein tanzen die Hexen
am Donnerstag Viertel nach sechsen.
  Sie blasen zum Sturm
  auf den Hexenturm,
den halten besetzt die Eidechsen.

Zu Jena die Firma Carl Zeiss,
die baute einst, wie jeder weiß,
  Fernrohre vom Feinsten.
  Jetzt baut man – was meinst'n –
statt optischer Gläser nur Scheiß.

Es hatte ein Künstler in Kassel
erheblich ein Ding an der Rassel,
  denn der documenta
  kam er mit Zement nah
und nannte sein Werk
  »Der Schlamassel«.

Es landet in Lübeck ein Schwan,
im Schlepptau – Lohengrins Kahn.
  Der Held spricht verwirrt:
    »Hab ich mich verirrt?
Ich wollte doch nur Marzipan.«

Es saßen drei Narren aus Mainz
zu Fastnacht am Ufer des Rheins.
  Sie stritten voll Zorn
  übers Fasenachtshorn:
»Ist's meins oder seins oder keins?«

Nach Nürnberg drang kürzlich die Kunde,
dass Lebkuchen neu man jetzt runde –
  nach Brüsseler Norm
  gestaltet die Form,
damit es Europa auch munde.

Es wagte ein Knabe in Offenbach
auf Weihnachten kaum zu hoffen, ach.
  »Ob ich die Musik,
  die ich wünsche, krieg?
Sonst schlag ich, von Kummer betroffen,
  Krach.«

Es müssen in Potsdam die Eichen
der Büroraumerweiterung weichen.
  Man baut etwas hektisch
  und ziemlich eklektisch,
um anderen Städten zu gleichen.

Aus Quakenbrück ist zu berichten,
man wollt eine Brück errichten.
  Doch nach dem Vermessen,
  da konnt man's vergessen
und musst auf die Brücke verzichten.

In Rostock sah man einen Braven
die Abfahrt der Fähre verschlafen.
  Er sprang hinterher,
  da geschah das Malheur
er landete mitten im Hafen.

Es kam einst ein Trinker aus Siegen
trunkicht unterm Tische zu liegen.
  Er hatt nicht genug
  und griff nach dem Krug.
Wollt er sich den Magen verbiegen?

Ein Bauersmann aus Taxöldern
kam von seinen reifenden Feldern.
  Doch sein alter Wagen
  könnt Schmiere vertragen,
drum hätt er ein Kännchen voll Öl gern.

Bei Ulm war's den Leuten zu dumm.
Das immer gleiche Gesumm
  von Fliegen und Mücken
  tat sie nicht entzücken
in Ulm und um Ulm herum.

Aus Verden schrieb uns ein Leser,
hier flösse die Aller zur Weser.
  Jedoch umgekehrt
  wär es ganz verkehrt,
da werde er böse und böser.

In Weimar wer'n Goethe und Schiller
gefeiert mit Pfiff und mit Triller,
  sogar die Posaune –
  man höre und staune –
benutzt man als Klassiker-Killer.

Es saßen in Xanten am Rheine
drei Tanten gemütlich beim Weine.
  Jedoch ihre Neffen,
  die schien es zu äffen,
denn welche ist wem denn nun seine?

Fürs Ypsilon muss man in andern
Gemeinwesen suchen: Wir wandern
  nach Belgien aus,
  da kriegen wir's raus –
da gibt es doch Ypern in Flandern.

Von Zwickau ist weltweit bekannt,
dass einst dort entstand der Trabant.
  Doch auch Robert Schumann
  zog dort sich die Schuh an,
bevor er sich weiter gewandt.

*Zum Schluss der ganzen Nonsenspoesie noch ein
fast vergessener Klassiker, das Lügenmärchen von
Ernst Moritz Arndt, sowie ein Schulhofklassiker, den
es in verschiedenen Überlieferungen gibt. Für die
Verbindung zur literarischen Hochkultur sorgt der
Verweis auf Goethe. Am Ende ein mathematisch aus-
gesprochen anspruchsvolles Werk zur Zylinderfrage.*

Das Lügenmärchen
Ich will euch erzählen und will auch nicht lügen:
Ich sah zwei gebratene Ochsen fliegen,
sie flogen gar ferne –
sie hatten den Rücken gen Himmel gekehrt,
die Füße wohl gegen die Sterne.

Ein Amboss und ein Mühlenstein,
die schwammen bei Köln wohl über den Rhein,
sie schwammen gar leise –
ein Frosch verschlang sie alle beid'
zu Pfingsten wohl auf dem Eise.

Es wollten vier einen Hasen fangen,
sie kamen auf Stelzen und Krücken gegangen,
der erste konnte nicht sehen,
der zweite war stumm, der dritte war taub,
der vierte konnte nicht gehen.

Nun denke sich einer, wie dieses geschah:
Als nun der Blinde den Hasen sah
auf grüner Wiese grasen,
da rief's der Stumme dem Tauben zu,
und der Lahme erhaschte den Hasen.

Es fuhr ein Schiff auf trockenem Land,
es hatte die Segel gen Wind gespannt
und segelt im vollen Laufen –
da stieß es an einen hohen Berg,
da tät das Schiff ersaufen.

In Straßburg stand ein hoher Turm,
der trotzte Regen, Wind und Sturm
und stand fest über die Maßen,
den hat der Kuhhirt mit seinem Horn
eines Morgens umgeblasen.

Ein altes Weib auf dem Rücken lag,
sein Maul wohl hundert Klaftern weit auftat,
's wahr und nicht erlogen,
drin hat der Storch fünfhundert Jahr
seine Jungen groß gezogen

So will ich hiemit mein Liedlein beschließen,
und soll's auch die werte Gesellschaft verdrießen,
will trinken und nicht mehr lügen:
Bei mir zu Land sind die Mücken so groß
als hier die größesten Ziegen.

Ernst Moritz Arndt

Dunkel war's, der Mond schien helle,
Schnee lag auf der grünen Flur,
als ein Wagen blitzesschnelle
langsam um die Ecke fuhr.
Drinnen saßen stehend Leute,
schweigend ins Gespräch vertieft,
als ein tot geschoss'ner Hase
auf 'ner Sandbank Schlittschuh lief.
Und ein blond gelockter Jüngling
mit kohlrabenschwarzem Haar
auf 'ne grüne Bank sich setzte,
die rot angestrichen war.
Neben ihm 'ne alte Schrulle,
die kaum sechzehn Jahr alt war,
in der Hand 'ne Butterstulle,
die mit Schmalz bestrichen war.
Dies Gedicht erfand einst Goethe,
als er eines Abends spöte,
in der frühen Mörgenröte
singend auf dem Nachttopf saß.

Schön ist ein Zylinderhut

Schön ist ein Zylinderhut,
wenn man ihn besitzen tut,
doch von ganz besondrer Güte
sind stets zwei Zylinderhüte.

Hat man der Zylinder drei,
hat man einen mehr als zwei;
vier Zylinder, das sind grad
zwei Zylinder im Quadrat.

Fünf Zylinder sind genau
für drei Kinder, Mann und Frau.
Sechs Zylinder, das ist toll,
machen's halbe Dutzend voll.

Sieben Zylinder sind genug
für 'nen kleinen Leichenzug.
Hat man der Zylinder acht,
wird der Pastor auch bedacht.

Hat man der Zylinder neun,
kriegt der Küster auch noch ein'n.
Zehn Zylinder sind bequem
für das Dezimalsystem.

Elf Zylinder sind – wie fein! –
zwölf Zylinder minus ein'n.
Zwölf Zylinder, o wie schön,
würden den Aposteln stehn.

Kurze Märchenreime

 Mindestens so schön wie eine Gute-Nacht-Geschichte

Wer kennt nicht das Gedicht vom Bumerang? Der berühmte deutsche Dichter Joachim Ringelnatz hat es geschrieben. Es ist sehr lustig und beinahe jedes Kind kann es schon nach kurzem Zuhören auswendig und vergisst es nicht mehr. In der gleichen Art lassen sich aber noch viele weitere Verse (über andere Gegenstände, Tiere und Ereignisse) dichten. Zuerst einmal jedoch das Original.

Kaum zu glauben: In nur sechs kurzen Zeilen hat Ringelnatz eine ganze Geschichte verpackt. »War einmal ein Bumerang, war ein Weniges zu lang.« Das geht gut ins Ohr. Trotzdem wechselt der Dichter das Versmaß – der Rhythmus »hinkt« (kein Wunder, wo doch der Bumerang zu lang ist): »Bumerang flog ein Stück, aber kam nicht mehr zurück«. Und was macht Ringelnatz? Er beobachtet das Publikum, das gespannt und mit gereckten Hälsen dasteht: »Publikum noch stundenlang wartete auf Bumerang«. Eine wahrhaft unerwartete Pointe. Weitere Gedichte dieser Art gab es bisher leider nicht, hier nun einige Kurzmärchenreime nach Ringelnatz' Bauplan.

Zwei Salamander

Gingen einst zwei Salamander,
die verliebt war'n ineinander,
Fuß an Fuß, Hand in Hand
ziemlich aufrecht durch das Land.
Sah ein Mensch sie beieinander.
»Lurche gehen so nicht!«, fand er.

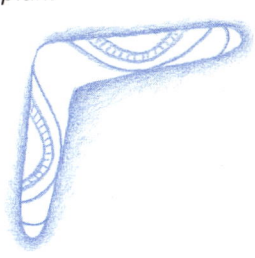

Pandabär

War einmal ein Pandabär,
der kam weit von China her.
Pandabär fraß sich voll,
doch nicht Bambus, wie er soll.
Pandabär – noch tagelang –
war ganz furchtbar magenkrank.

Pudel

War einmal ein Pudel,
kam aus einem Rudel.
Rudel, das fehlt zu Haus,
Pudel sah sehr traurig aus.
Ach, du dumme Nudel,
sei kein Frosch, sei Pudel!

Kinderzimmer-Chaos

Wurde mal im Kinderzimmer
Spielzeug-Chaos immer schlimmer.
Teddybär war sehr empört,
denn er fand es unerhört,
dass man in dem Kinderzimmer
sah von Ordnung keinen Schimmer.

Krokodil

Schwamm einmal ein Krokodil,
von der Elbe bis zum Nil.
Panik brach aus im Zoo,
denn dort war man gar nicht froh,
dass so weit und auch so viel
schwamm das Elbekrokodil.

Schweinchen
Weil ein Schweinchen namens Rüssel
niemals fraß aus seiner Schüssel,
schaut die Magd traurig drein.
Doch dann sprach sie zu dem Schwein:
»Friss doch wenigstens ein bissel
aus der feinen Schweineschüssel!«

Mäuschen
Kam aus einem tiefen Keller,
mal ein Mäuschen schnell und schneller.
Hausfrau sah die Maus und schrie.
Mäuse mochte sie noch nie;
sie ließ fallen alle Teller.
Maus verschwand im tiefen Keller.

Waschmaschinchen
War einmal ein Waschmaschinchen,
das war fleißig wie ein Bienchen.
Rickerack, Rickerack,
sauber war der Wäschesack.
Von Freibürgchen bis Berlinchen
lobte man das Waschmaschinchen.

Barometer
Zeigte mal ein Barometer,
jedes Wetter immer später,
als es das zeigen soll.
Schließlich war das Maß denn voll.
Und Mechanikus Schumpeter
baut es um zum Thermometer.

Mausklick
Die Computermaus, die träumte,
dass sie ihr Programm versäumte.
Welch ein Schreck – Maus macht Klick,
alles war nur Traum zum Glück.
Nichts, was wirklich sie versäumte,
wenn sie von Computern träumte.

Ureinwohner
Kam einmal ein Bildschirmschoner
zu des Bildschirms Ureinwohner.
»Wer bist du, kleiner Wicht?«
»Sag mal, siehst du das denn nicht,
dass die Flächen ich hier bohner,
als des Bildschirms Ureinwohner?«

Dachs
War einmal ein kleiner Dachs,
machte gern mit anderen Flachs.
Einmal lief aus ein Fass,

kleiner Dachs war furchtbar nass.
Was rief da der kleine Dachs?
»Leute, schaut, ich glaub, ich wachs!«

Computerspiel
Stumm lag das Computerspiel
in der Ecke. Denn nicht viel
spielte man mit ihm noch.
War so heiß begehrt es doch
und war aller Wünsche Ziel.
Kennt man's dann, langweilt das Spiel.

Teddybär
Kam einmal ein Teddybär
aus dem Spielzeuglande her.
Teddy war wuschelweich,
jeder will ihn knuddeln gleich.
Alle Kinder freun sich sehr
über diesen Teddybär.

Regenhexe
Kommt die blöde Regenhexe
jeden Tag von fünf bis sechse.
Nachmittag ist versaut,
weil man sich nicht runter traut.
Alles nass von fünf bis sechse.
Ach, du blöde Regenhexe.

Hin-und-her-Gedichte

 Fang den Reim!

Für diese Gedichte braucht man einen Partner. Der eine gibt das Reimwort vor, der andere dichtet die zweite Reimzeile dazu. Nicht immer klappt das beim ersten Mal. Aber schon beim zweiten und dritten Versuch geht es ganz fließend. Damit es nicht langweilig wird, muss man dem anderen dann immer neue »Fallen« einbauen, indem man ganz besonders schwierige Wörter wählt.

Diese Sachen schenk ich dir
Ein Klavier –
        aus Papier
und 'nen Hut –
        aus Beirut
eine Zeitung –
        aus der Wasserleitung,
eine Wolke –
        ganz aus Molke
eine Maus –
        aus dem Haus
und die Katze –
        hat se.

Komm doch weiter
Komm doch weiter –
        auf die Leiter.
Hoch wie'n Baum –
        ist der Raum.
Mit einem Satz –
        schafft's die Katz.
Sie hat Krallen –
        kann nicht fallen.
Hoch hinaus –
        will auch die Maus.
Wenn's gelingt –
        und sie springt,
dass die Katz sie nicht verschlingt.

Wunschzettel

Für meine Puppe –
       einen Teller Suppe.
Für mein Mäuschen –
       ein neues Häuschen.
Für den Besuch –
       ein neues Tuch.
Für den Hund –
       vom Fleisch ein Pfund.
Für den Ritter –
       eine Zither.
Für die Maschine ¬
       eine Turbine.
Für das Gewissen –
       ein Ruhekissen.
Und für uns alle –
       eine Glückskoralle.

Jungen und Mädchen

Denkt ihr denn, denkt ihr denn,
Mädchen wären teuer?
Fünfe für ein Pfennigstück,
fünfzehn für 'nen Dreier.

Denkt ihr denn, denkt ihr denn,
Jungens sind so teuer?
Fünfzehn für ein Flederwisch,
sechzehn für 'nen Dreier.

Dieses Spottgedicht zwischen Jungs und Mädchen stammt aus einer Zeit, in der man noch mit Talern bezahlte. Ein Taler war 30 Silbergroschen wert, was heute 12 Pfennige wären. Der »Sechser« war 1/2 Groschen, der »Dreier« 1/4 Groschen. Und »Flederwisch« nannte man ein Federbüschel mit Stiel, das man zum Abstauben verwendete.

Der Ball der Tiere

Mich dünkt, wir geben einen Ball!
    Sprach die Nachtigall.
So?
    Sprach der Floh.
Was werden wir essen?
    Sprachen die Wespen.
Nudeln!
    Sprachen die Pudeln.
Was werden wir trinken?
    Sprachen die Finken.
Bier!
    Sprach der Stier.
Nein, Wein!
    Sprach das Schwein.
Wo werden wir denn tanzen?
    Sprachen die Wanzen.
Im Haus!
    Sprach die Maus.

In der Küche

Um den Herd herum die Köchin springt
und singt ein Lied, das komisch klingt:
Was soll ich denn kochen?
          's ist alles zerbrochen.
Das Maß
          und die Pfanne,
das Glas
          und die Kanne.
Und was will ich kaufen?
          Es kost' einen Haufen:
Der Weck
          und der Fladen,
der Speck
          und der Braten,
das Salz
          und das Mehl
und das Schmalz
          und das Öl,
und die Eier
          und Feuer
sind heuer
          so teuer!
Und krieg keinen Lohn –
          ich lauf noch davon!
                    Friedrich Wilhelm Güll

Frage und Antwort

Wer fährt dem Feuer hinterher?

      Das ist die rote Feuerwehr.

Und was kommt selten pünktlich an?

      Das ist die schwäb'sche Eisenbahn.

Wer schafft schon vor dem Morgenrot?

      Das ist der Bäcker, der backt Brot.

Wer verbraucht den meisten Kleister?

      Das ist der Tapeziermeister.

Wer hackt entzwei des dickste Schwein?

      Das kann nur unser Metzger sein.

Wenn was passiert, wer kommt herbei?

      Die Streife von der Polizei.

Gedeiht nur selten oder nie?

      Lehrers Kinder, Pastors Küh.

Für wen sind alle Kinder dumm?

      Für Lehrer vom Gymnasium.

Warum sind Lehrer noch viel dümmer?

      Sie haben meistens keinen Schimmer.

Wer kriegt das höchste Honorar?

      Was fragst du noch? Der Fernsehstar.

Wer schreibt die längsten Memoiren?

      Die Leut, die was Besondres waren.

Was ist schneller als ein Blitz?

      Der neueste Blondinenwitz.

Was zischt und heult und sprüht und kracht?

      Die Böller in der Neujahrsnacht.

Wer hat am meisten Grund zu klagen?

      Das musst du meine Eltern fragen.

Wir baun ein Haus

Wir baun ein Haus. Was brauchen wir?
> Am Eingang braucht man eine Tür.
Und vor der Tür, was braucht man noch?
> Die Baugrube, ein tiefes Loch.
Und noch davor, womit fängts an?
> Zum Hausbau braucht man einen Plan.
Wir baun ein Haus mit viel Zement.
> Das meiste kommt ins Fundament.
Was einst ein Loch war, ist jetzt Keller.
> Doch ohne diesen geht es schneller.
Wir nehmen einen Stein zur Hand.
> Der erste Stein für eine Wand.
Zum Hausbau braucht man viele Hände.
> Das Haus hat schließlich auch
> vier Wände.
Was guckt aus den Wänden vor?
> Leitung für Strom und für Wasser
> das Rohr.
Der Zimmermann versteht sein Fach.
> Er zimmert einen Stuhl fürs Dach.
Was gibt den Außenwänden Schutz?
> Auf den Ziegel ein sauberer Putz.
Was gibt den Zimmern hellen Schein?
> Der Tischler setzt die Fenster ein.
Der Grund, auf dem man stehen kann?
> Ist Estrich erst und Dielung dann.
Das Wichtigste im Haus ist immer:
> ein riesengroßes Kinderzimmer.

Reimspiel

Eckern liegen
    unter Buchen.
Eicheln soll man da
    nicht suchen.
Weiches Fell und schnurrt:
    die Katze
Krallen hat sie in
    der Tatze.
Teller, Tassen sind
    Geschirr.
Wenn's zu Bruch geht, gibt's
    Geklirr.

Zwiegespräch

Guten Morgen, Fräulein Huhn!
    Guten Morgen, Herr Hahn!
Was gedenken Sie zu tun?
    Das geht Sie nichts an.
Wollen wir nicht etwas promenieren?
    Danke, ich kann allein spazieren.
Sie haben wohl heute nicht gut geruht?
Oder macht's Ihnen böses Blut,
dass Sie noch keinen Regenwurm fanden?
    Offen gestanden:
    Ich finde, Sie sind sehr auf-
    dringlich, Sie!
Dumme Gans! Kikeriki.
        Gustav Falke

Freche Lieblings- gedichte

 Nicht für Erwachsene!

Wer hat noch nicht festgestellt, dass gerade die Lieblingsge- dichte vieler Kinder den meis- ten Erwachsenen nicht so gut gefallen. Und vielleicht ist ja gerade das der Grund, warum sie sie so gerne mögen? Übrigens sind es gar nicht so selten die Großeltern, die den Kleinen Verse aufsagen, die sie ihren eigenen Kindern niemals verraten hätten. Aber bei Enkeln macht man ja gerne mal eine (geheime) Ausnahme.

Kommt ein Mäuschen
aus dem Häuschen,
läuft geschwind,
wie der Wind,
weil ihm alle Feinde sind.

Lebe glücklich, lebe froh
wie der König Salomo,
der auf seinem Throne saß
und ein Stückchen Käse aß.
Lebe glücklich, werde alt,
bis die Welt in Stücke knallt.

Rot und rund, Thron und Kron,
Sonne ist der Königssohn.

Auf dem Berge Sinai
wohnt der Schneider Kikriki.
Seine Frau, die Margarete,
saß auf dem Balkon und nähte.
Fiel herab, fiel herab,
und das linke Bein brach ab.
Kam der Doktor her gerannt,
mit der Nadel in der Hand.
Näht es an, näht es an,
dass sie wieder laufen kann.

Es war einmal ein Mann,
der hieß Plimplam.
Plimplam hieß er,
tausend Pupse ließ er.

Ich bin der Geigelmann,
du bist der Tanzer,
ich bin ein halber Narr,
du bist ein ganzer.

Erbsen ess ich lieber,
wie der Herr von Biber.
Linsen ess ich grad so gern,
wie der Herr von Lilienstern.

Erlkönig Kurzfassung
(nach Goethe)
Vater und Kind
reiten durch Nacht und Wind.
Töchter vom Erlkönig
necken 's Kind ein wenig.
Kind schreit
Vater reit –
erreichen den Hof mit Müh und Not,
der Vater lebt, das Kind ist tot.

Alle Kinder...

Alle Kinder laufen aus dem brennenden
  Haus;
außer Klaus,
der guckt raus.

Alle Kinder tragen einen Sarg;
außer Hagen,
der wird getragen.

Alle Kinder essen frische Äpfel;
nur der von Paul,
der ist faul.

Alle Kinder fahren an das Mittelmeer,
außer Andrea,
die fährt nach Korea.

Alle Kinder fahren Schlittschuh auf dem Eis;
außer Hera,
die war schwera.

Alle Kinder gehn zur Schule;
außer Frank,
der macht krank.

Alle Kinder haben Haare;
außer Torsten,
der hat Borsten.

Alle Kinder hatten hübsche Haare;
außer Susen,
die hatte Flusen.

Alle Kinder kaufen bei Neckermann;
außer Andrea,
die kauft bei IKEA.

Alle Kinder laufen aus dem Knast;
außer Britta,
die läuft vors Gitta.

Alle Kinder lieben deutschen Wein;
außer Jürgen,
der kriegt das Würgen.

Alle Kinder rennen aus dem Kino;
nur das Harrylein
erwischt der Frankenstein.

Alle Kinder schauen auf den Panzer;
außer Gunter,
der liegt drunter.

Alle Kinder schauen in die Schlucht;
nur nicht Hein,
der fiel rein.

Alle Kinder sehen dem Bestatter zu;
außer Jule,
die liegt in der Kuhle.

Alle Kinder spielen mit dem Holzbein;
außer Heinz,
denn es ist seins.

Alle Kinder spielen Wilhelm Tell;
außer Bob,
der hat den Pfeil im Kopp.

Alle Kinder springen übern Abgrund;
außer Peter,
dem fehlt ein Meter.

Alle Kinder stehen bis zum Hals im Wasser;
außer Rainer,
der ist kleiner.

Alle Kinder werden älter;
außer Thorben,
der ist gestorben.

Alle Kinder spucken ihre Kaugummis aus;
außer Knut,
der spuckt Blut.

Alle Kinder schauen auf den Fön;
außer Anne,
die liegt in der Wanne.

Es war einmal ein Mann,
der hatte einen Schwamm.
Der Schwamm war ihm zu nass,
da ging er auf die Gass.
Die Gass war ihm zu kalt,
da ging er in den Wald.
Der Wald war ihm zu grün,
da ging er nach Berlin.
Berlin war ihm zu groß,
da wurd er ein Franzos.
Franzos wollt er nicht sein,
da ging er wieder heim
zu seiner Frau Elise,
die kocht ihm grün Gemüse.
Da musst er dreimal niesen:
Hatschi! Hatschi! Hatschi!

Oma Lutschbonbon,
Pfefferminz, ein, zwei,
alle Affen
und Giraffen
machen tick, tick, tick,
alle Schweine
an der Leine
machen bähhh...

Bei Müllers hat's gebrannt, -brannt, -brannt,
da bin ich hingerannt, -rannt, -rannt.
Da kam ein Polizist, -zist, -zist
und schrieb mich auf die List, List, List.
Die Liste fiel in'n Dreck, Dreck, Dreck,
da war mein Name weg, weg weg.
Da lief ich schnell nach Haus, Haus, Haus
zu meinem Bruder Klaus, Klaus, Klaus.
Der lag in seinem Bett, Bett, Bett
mit seiner Frau Elisabeth.
Elisabeth, die schämte sich
und zog die Decke über sich;
die Decke hatt ein Loch, Loch, Loch,
da sah ich sie dann doch, doch, doch.

Elisabeth versteckte sich,
was ich dann sah, erschreckte mich:
Im ersten, fünften, zehnten Stock,
da stand ein Mann im Unterrock.
(Oder man entscheidet sich für diesen Schluss)
Elisabeth, die lachte,
der Büstenhalter krachte,
der Bauch, der explodierte,
ein Baby rausmarschierte.
Das Baby war ein Junge
und streckte raus die Zunge.

Mausefallen-Sprüchlein
Kleine Gäste, kleines Haus.
Liebe Mäusin oder Maus,
stell dich nur kecklich ein
heut Nacht bei Mondenschein!
Mach aber die Tür fein hinter dir zu,
hörst du?
Dabei hüte dein Schwänzchen!
Nach Tische singen wir,
nach Tische springen wir
und machen ein Tänzchen:
witt witt!
Meine alte Katz tanzt wahrscheinlich mit.
Eduard Mörike

Im Himmel, im Himmel
isch e guldige Tisch,
da sitze die Ängel
bi Fleisch und bi Fisch
nach: Götterspeisen Teufelsküchen

Eine seltsame Kaffeegesellschaft
Die Witwe Frau von Gänseschwein,
die lud sich die Gesellschaft ein,
die neulich auf dem Forsthaus war
bei einem Kaffee wunderbar.

Da sitzen da an einem Tisch:
Herr Fischent und Frau Entenfisch,
Herr Hahnenhund, Frau Schnauzerhuhn,
die wollen sich recht gütlich tun.

Dazu kommt noch Frau Schlangenspatz,
mit ihrem Freund, Herrn Ratzenkatz.
Sie trinken viele Tassen leer,
es schmeckt der gute Kuchen sehr.

Dann lecken sie die Teller rein
und putzen sich die Mäuler fein,
sie grüßen sich und sagen:
»Auf Wiederseh'n in acht Tagen!«
nach: Götterspeisen Teufelsküchen

Schüttelreime

*Reimen und Schütteln gehört zu den uralten Vergnü-
gungen der Sprachbastler. Nicht jedes Verspaar, das
dabei entsteht, ist jugendfrei. Aber gerade Kinder
gehen unbefangener mit der Sprache um und sind
Meister im Erfinden und Weiterspinnen, während
Erwachsene oft stundenlang grübelnd über dem
Wortmaterial hocken, ohne dass ihnen etwas einfällt.*

Im Hause hört man Kinder heulen;
da gibt's was auf die Hinterkeulen.

Du hast was midder Galle, Knut,
denn deine Püpsger knalle gut.

                                     (aus dem Hessischen)

Was macht ihr mit den Fackeln dort?
Wir treiben nur zwei Dackeln fort.

Man tue es dem Halter kund:
Gefunden ward ein kalter Hund.

Die Boxer aus der Meisterklasse,
die schlugen sich zu Kleistermasse.
Und aus dem ganzen Massenkleister
ermitteln sie den Klassenmeister.

Es klapperten die Klapperschlangen,
bis ihre Klappern schlapper klangen.

Nie soll man mit Gebrautem klettern,
schon gar nicht auf geklauten Brettern.

Sie kann zwar keine Wanne heben,
dafür kann Stoff die Hanne weben.

Was alles in den Westentaschen,
muss man, um es zu testen, waschen.

Im Topf, da schwimmt ein Suppenhahn,
den gestern wir noch huppen sahn.

Über den Autor

Thomas Wieke ist seit 15 Jahren als Autor und Redakteur tätig. Als Vater einer kleinen Tochter ist er Spezialist im Finden, Dichten und Vortragen von Reimen, Gedichten und Kniereiterversen.

Hinweis

Das vorliegende Buch ist sorgfältig erarbeitet worden. Dennoch erfolgen alle Angaben ohne Gewähr. Weder Autor noch Verlag können für eventuelle Fehler oder Schäden, die aus den im Buch gegebenen Hinweisen resultieren, eine Haftung übernehmen.

Anmerkung der Redaktion

Diesem Buch liegt die 1996 in Wien beschlossene und seit 1.8.1998 geltende Neuregelung der deutschen Rechtschreibung zugrunde.

Impressum

Der Südwestverlag ist ein Unternehmen der Verlagshaus Goethestraße GmbH & Co. KG.
© 1999 Verlagshaus Goethestraße GmbH & Co. KG, München.
Alle Rechte vorbehalten. Nachdruck – auch auszugsweise – nur mit Genehmigung des Verlags.

Redaktion: S. Riedmüller
Projektleitung: Sylvia Wohofsky
Redaktionsleitung: Nina Andres
Illustrationen: Beate Willich
Umschlag/Layout: Manuela Hutschenreiter
DTP/Satz: Maren Scherer
Produktion: Manfred Metzger (Leitung), Annette Aatz,
Dr. Erika Weigele-Ismael
Printed in Italy

ISBN 3-517-06017-8